GW01311543

This *notebook* is for:

Best *wishes* from:

You're my
**Favourite
Colleague**

You're my
**Favourite
Colleague**

You're my
Favourite
Colleague

You're my
**Favourite
Colleague**

You're my
**Favourite
Colleague**

You're my
**Favourite
Colleague**

You're my
**Favourite
Colleague**

You're my
**Favourite
Colleague**

You're my
**Favourite
Colleague**

You're my
**Favourite
Colleague**

You're my
**Favourite
Colleague**

You're my
**Favourite
Colleague**

You're my
**Favourite
Colleague**

You're my
**Favourite
Colleague**

You're my
**Favourite
Colleague**

You're my
**Favourite
Colleague**

You're my
**Favourite
Colleague**

You're my
**Favourite
Colleague**

You're my
**Favourite
Colleague**

You're my
Favourite
Colleague

You're my
**Favourite
Colleague**

You're my
**Favourite
Colleague**

You're my
Favourite
Colleague

You're my
**Favourite
Colleague**

You're my
Favourite
Colleague

You're my
**Favourite
Colleague**

You're my
**Favourite
Colleague**

You're my
Favourite
Colleague

You're my
**Favourite
Colleague**

You're my
**Favourite
Colleague**

You're my
**Favourite
Colleague**

You're my
**Favourite
Colleague**

You're my
**Favourite
Colleague**

You're my
**Favourite
Colleague**

You're my
**Favourite
Colleague**

You're my
Favourite
Colleague

You're my
**Favourite
Colleague**

You're my
Favourite
Colleague

You're my
**Favourite
Colleague**

You're my
Favourite
Colleague

You're my
**Favourite
Colleague**

You're my
**Favourite
Colleague**

You're my
**Favourite
Colleague**

You're my
**Favourite
Colleague**

You're my
**Favourite
Colleague**

You're my
**Favourite
Colleague**

Printed in Great Britain
by Amazon

59141665R00069